Impressum:
© 2020 Claudia Zoller

Umschlaggestaltung: Claudia Zoller

Lektorat & Satz:
Angelika Fleckenstein; Spotsrock

Verlag & Druck:
tredition GmbH
Halenreie 40–44
22359 Hamburg

ISBN
978-3-347-13791-2 (Paperback)
978-3-347-13792-9 (Hardcover)
978-3-347-13793-6 (e-Book)

Anfragen an den Verlag oder direkt an Claudia.zoller@gmx.de

... dem Woher?

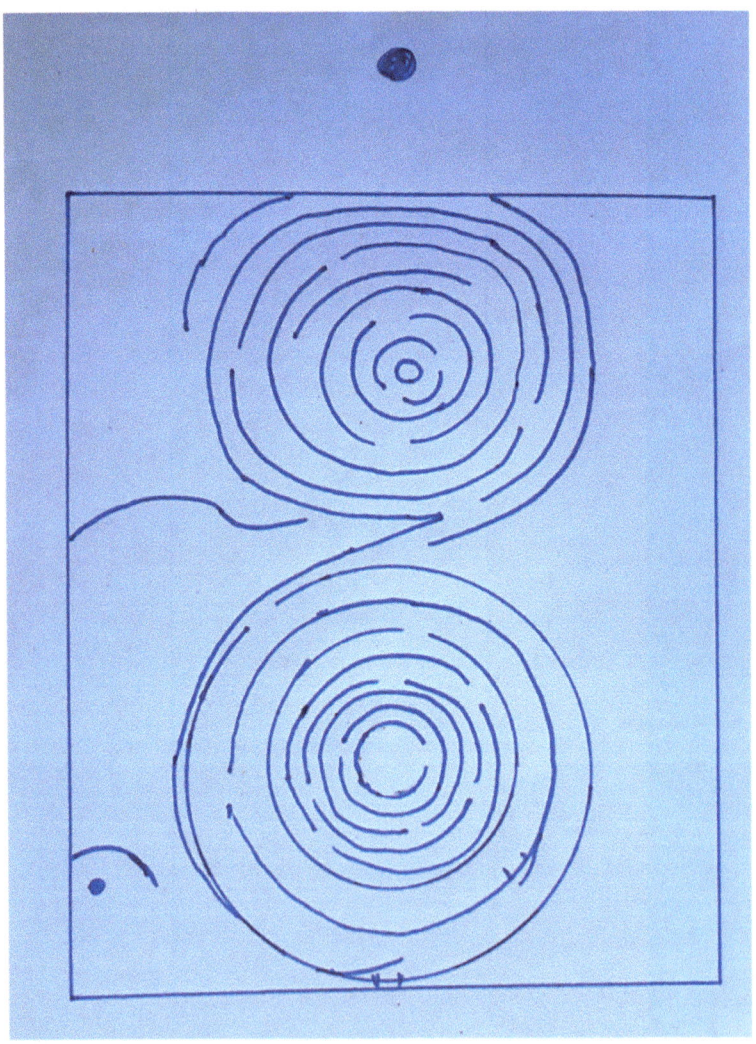

... dem Wohin?

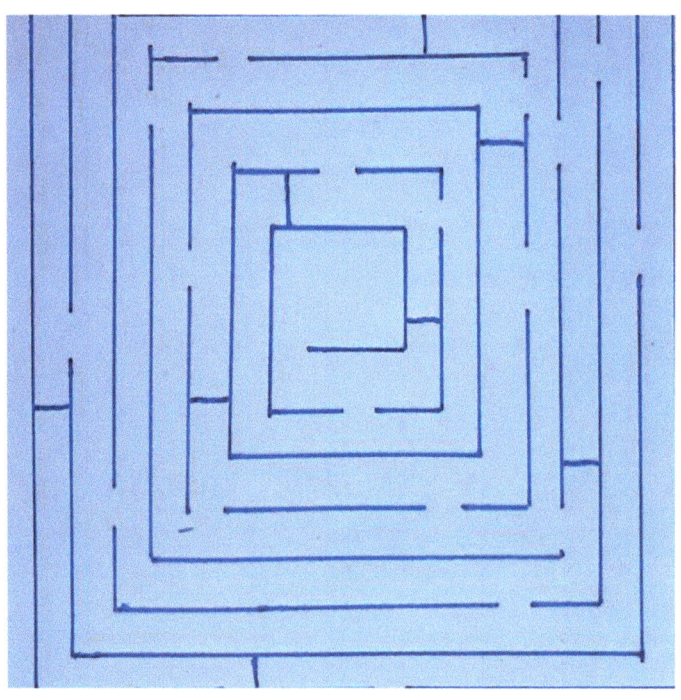

... der Zeit

... dem stillen See

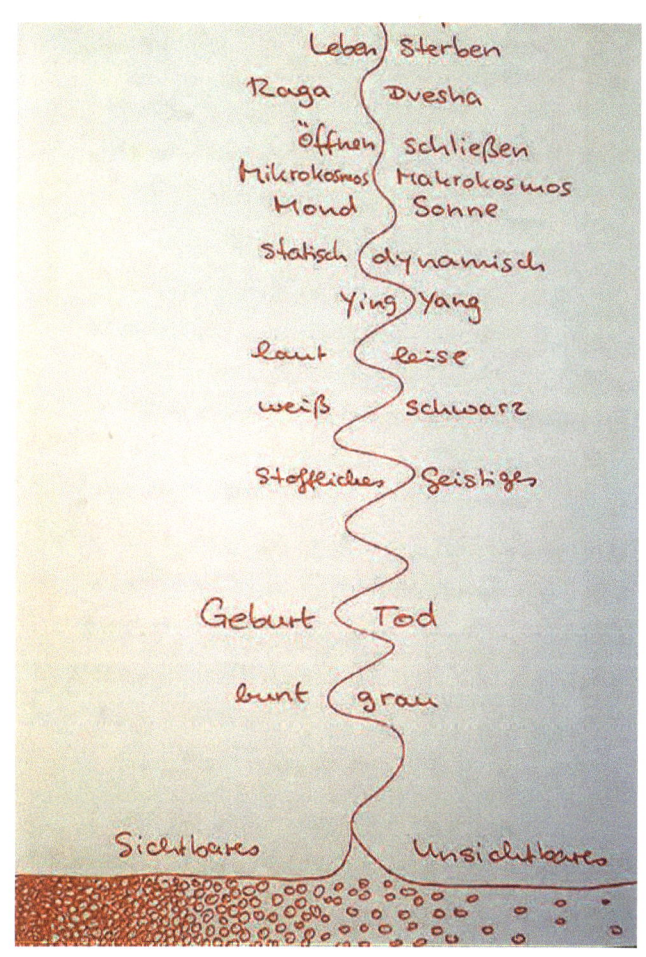

½

... *bindu*

ein gutes Essen mit anderen
teilen,
beim Spaziergang in der Natur
verweilen,

Wenn wir

Zufriedenheit lesen in den
Gesichtern,

den Glanz erkennen in den
Lichtern,

das Göttliche zwischen den
Zeilen lesen,

Dann ist Weihnachten für mich
und für
alle Wesen!

... dem Erbe der Windhose

So mancher Wind
          fährt aus der Hose

donnert ganz leis,
          still mit Getose

hinter sich lassend:

Ausdruck
und
Eindruck.

Zeitfracht Medien GmbH
Ferdinand-Jühlke-Straße 7
99095 Erfurt, Deutschland
produktsicherheit@kolibri360.de